W0284407

Für meinen Freund, den Wald

Deutscher Jugendliteratur Preis

Auswahlliste

Beratung beim Kapitel **Waldsterben:**
Dr. Hans Joachim Schuck
vom Institut für Forstbotanik, München

Lizenzausgabe für die Büchergilde Gutenberg,
Frankfurt am Main, Wien,
mit freundlicher Genehmigung
des Verlags Heinrich Ellermann, München
© 1987 Verlag Heinrich Ellermann, München
Printed in Germany 1990
ISBN 3-7632-3732-1

Die Wald-Uhr

Das Jahr des Waldes mit seinen
Pflanzen und Tieren

gemalt und erzählt von Irmgard Lucht
Naturkundliche und forstliche Beratung Dieter Koenig

Büchergilde Gutenberg

Was ist ein Wald?

Stell dir vor, wir gingen miteinander durch diesen Wald. Die Sonne scheint sanft durch das dichte Blätterdach, malt Lichtflecken auf die hohen Stämme der Bäume und erreicht nur hier und da den Waldboden. Die Luft riecht würzig – ein wenig nach Harz, ein wenig nach Pilzen, ein wenig nach moderndem Holz. Unter unseren Schritten raschelt Laub, knacken Äste. Irgendwo übt ein Vogel sein Lied, unermüdlich die gleiche Strophe. Sonst ist es ganz still.
Wir wollen eine Weile ruhig stehen bleiben und unsere Augen wandern lassen. Je länger wir schauen, desto mehr entdecken wir. Und je mehr wir entdecken, desto deutlicher spüren wir: Dies ist eine ganz eigene Welt, von der wir eigentlich sehr wenig wissen.
Wiesen und Felder müssen angelegt und bearbeitet werden. Es gäbe sie nicht ohne den Menschen. Beim Wald ist das anders, er wächst auch ganz von allein. Als noch gar keine Menschen hier lebten, war er schon lange da: ein endloser, dunkler, undurchdringlicher Wald, der fast das ganze Land bedeckte. Bären, Wölfe und viele andere wilde Tiere waren in ihm zu Hause.
Doch allmählich veränderte er sich und mit ihm die ganze Landschaft. Aus dem mächtigen Urwald wurde in vielen hundert Jahren der Wald, den wir heute kennen. Und das kam so: Die Menschen begannen, das Land zu besiedeln. Je mehr es wurden, desto mehr Platz brauchten sie für ihre Dörfer und Städte, für ihre Gärten und Felder, für ihre Wege und Handelsstraßen. Diesen Platz nahmen sie sich vom Wald. In mühsamer Arbeit wurde er Stück für Stück abgeholzt und gerodet.
Aber der Wald war auch wie eine riesige Vorratskammer für die Menschen. Sie brauchten sein Holz zum Bauen und Heizen, das Fleisch seiner Tiere als Nahrung, die Rinden vieler Bäume zum Färben von Stoffen oder zum Gerben von Leder und das trockene Laub als Streu für ihr Vieh. Ja, sie trieben sogar ihre Pferde, Kühe und Schweine in den Wald. Weiden wie heute kannte man nämlich noch nicht.

Doch wenn man immer nur nimmt, ist auch die reichste Vorratskammer eines Tages leer. Genauso war es mit dem Wald. Es kam eine Zeit, da war er an vielen Stellen ganz verschwunden. Und wo er noch stand, war er arm und ausgeplündert. Zwar hatten einsichtige Leute schon lange davor gewarnt, so rücksichtslos mit dem Wald und seinem Boden umzugehen. Aber sie wurden meist nicht beachtet. Erst als die Waldbesitzer vor etwa 250 Jahren merkten, daß sie mit dem Wald auch ihre wichtigste Geldquelle verloren, änderte sich das entscheidend. Denn wo keine Bäume mehr wachsen, kann auch kein Holz mehr verkauft werden.

Der Wald mußte also gerettet werden - aber wie? Beim Ackerbau kannten sich die Menschen seit langem aus, Waldbau dagegen mußten sie erst lernen. Es wurden viele Pläne gemacht, Gesetze erlassen, die ersten Forstämter gegründet. Und überall wurden die heruntergekommenen Wälder aufgeforstet und neue gepflanzt.

An vielen Stellen gelang das sehr gut, aber es gab auch Fehlschläge. Die Forstleute mußten erfahren, daß der Wald mehr ist als ein Acker voller Bäume. Zum Wald gehören nämlich auch die Pflanzen, die den Boden bedecken und die verschiedensten Tiere. Er ist wie eine große Familie und besteht aus unzähligen Mitgliedern, riesigen und winzig kleinen, uralten und ganz jungen, sichtbaren und unsichtbaren. Sie alle leben nicht einfach nebeneinander her, sondern miteinander und füreinander. Jeder hat seinen Platz in dieser Familie, seine Aufgabe und seinen Sinn. Gerade das ist das Besondere am Wald.

Sich selbst überlassen, funktioniert diese komplizierte Lebensgemeinschaft am besten. Schwierig wird es erst, wenn der Mensch - oft ahnungslos - eingreift. Dann gerät sie leicht aus dem Gleichgewicht. Schon lange versuchen darum Forstleute und Wissenschaftler, die geheimnisvollen Lebensgesetze des Waldes zu ergründen. Viele Zusammenhänge haben sie inzwischen erkannt. Trotzdem gibt der Wald auch heute immer noch Rätsel auf.

Das Licht als Baumeister des Waldes

Nirgendwo sonst wachsen in der Natur so viele kleine und riesengroße Pflanzen so nahe beieinander wie im Wald. Man kann sich nur wundern, daß sie trotzdem alle das finden, was sie zum Leben brauchen: Wasser und Nährsalze aus dem Boden, Luft und vor allem genügend Licht. Das Licht der Sonne ist für die grünen Pflanzen unbedingt nötig. Nur mit seiner Hilfe können sie nämlich in ihren Blättern oder Nadeln Nährstoffe wie Zucker und Stärke aufbauen. Ihr grüner Farbstoff spielt dabei eine wichtige Rolle. Er gibt den Pflanzen die erstaunliche Fähigkeit, die Energie der Sonne in Nahrungsenergie umzuwandeln. Nur durch diese neu gewonnenen Nährstoffe haben die Pflanzen Kraft zum Atmen und damit zum Wachsen, Blühen und Fruchttragen.
Natürlich versucht jede Pflanze, so viel Licht wie möglich einzufangen. Aber im Wald ist Licht rar, und alle wollen es haben. Darum macht der Wettstreit um den besten Platz in der Sonne die Pflanzen zu Rivalen. Immer wieder siegt der Stärkere. Den Löwenanteil vom Licht nehmen sich die großen Bäume. Alle anderen Waldpflanzen leben mehr oder weniger in ihrem Schatten. Und trotzdem gedeihen sie – warum? Weil sie sich auch mit weniger Licht begnügen und das dann ganz besonders gut nutzen können.
Stellen wir uns einmal vor, der ganze Wald wäre ein großes Haus mit vielen Stockwerken. Nur

(1) Buche
(2) Hainbuche
(3) Bergahorn
(4) Stieleiche
(5) Fichte
(6) Lärche
(7) Waldkiefer
(8) Tanne
(9) Eberesche
(10) Haselnußstrauch
(11) Schwarzer Holunder
(12) Brombeere

in den obersten ist es ganz hell. Hier breiten die hohen Bäume (1–8) ihre Kronen aus. Deshalb fällt in die mittleren Stockwerke schon weniger Licht. Das müssen sich die unteren Zweige der großen Bäume mit kleineren Bäumen und Sträuchern (9–12) teilen. Ganz unten, wo es am dämmrigsten ist, wachsen Moose (16), Farne (15), Kräuter (18) und Pilze (17). Der Waldboden ist oft auch die Kinderstube für die jungen Bäumchen (13, 14, 19).

Das kleine Bild unten links zeigt dir einen solchen Wald. Wo alte, mittelalte und junge Bäume von verschiedener Art beieinanderstehen, werden übrigens nicht nur Platz und Licht in jedem Stockwerk gut ausgenutzt. Alle kleineren Waldpflanzen finden auch Schutz unter dem dichten Blätterdach der hohen Bäume. Es bewahrt sie vor Wind, starkem Regen, Hagel und zu viel Schnee.

Aber es gibt auch Wälder, in denen zum Beispiel nur Buchen oder – wie auf dem kleinen Bild unten – nur Fichten stehen, die alle gleich alt sind. Hier können Platz und Licht längst nicht so gut ausgenutzt werden. Nur die Wipfel bekommen genügend Licht. Wo sie sich berühren, schließt sich das Kronendach. Darunter ist es so dunkel, daß die Äste früh absterben und weder junge Bäume noch Sträucher gedeihen können. Die mittleren und unteren Stockwerke dieses Waldhauses stehen leer.

13 Junge Buche
14 Junger Bergahorn
15 Dornfarn
16 Waldbürstenmoos
17 Violetter Ritterling
18 Sauerklee
19 Junge Fichte
20 Heidelbeere

Rothirsch Alttier (weibl. Hirsch) Rehbock Ricke Rehkitz Wildschweine: Keiler

Ein großes Haus voller Leben

Kannst du dir einen Wald ohne Tiere vorstellen? Sicher nicht. Wo so viele und so unterschiedliche Pflanzen wachsen, können auch besonders viele verschiedene Tiere leben. Je kleiner sie sind, desto mehr von ihnen gibt es. In allen seinen Stockwerken hält der Wald Wohnungen für sie bereit: größere, kleinere und winzige, helle und dunkle. In jeder sind andere Tiere zu Hause. Hier finden sie Platz für ihre Jungen, Schutz vor dem Wetter oder vor Feinden und manchmal auch gleich ihre Nahrung.

Auf den ersten Blick scheint es so, als wären auf dem Bild oben die wichtigsten Waldtiere versammelt. Aber das stimmt nicht, es sind nur die bekanntesten. Anders als bei den Waldpflanzen sind nämlich bei den Tieren die kleinsten die wichtigsten. Ohne Hirsch und Reh kann ein Wald sicher gedeihen – aber kaum ohne den kleinen Wühler in der Erde, den Regenwurm! Im Keller des Waldhauses, also im Boden, leben außer ihm noch unzählige andere Tiere. Fast alle sind so klein, daß wir sie nicht einmal mit einem Vergrößerungsglas entdecken können. Warum gerade sie eine so große Rolle spielen, wollen wir uns später noch genauer ansehen. Neben diesen Winzlingen wohnen auch größere Tiere im Boden, der Fuchs, der Dachs und viele, viele Mäuse.

Hirsche, Rehe und Wildschweine leben im Erdgeschoß, also auf dem Waldboden.

Eichhörnchen und Marder können gut klettern. Darum sind sie – wie auch die meisten Vögel und Insekten – in den Kronen der Bäume zu Hause. Hier gibt es Nahrung in Hülle und Fülle. Die grünen Pflanzen können ja die Sonnenenergie in Nährstoffe umwandeln. Davon leben

① Mohrenfalter
② Kaisermantel
③ Fichtenrüsselkäfer
④ Gemeine Holzwespe
⑤ Wespe
⑥ Kleiner Eichenbock
⑦ Birkenblattroller
⑧ Waldspitzmaus
⑨ Nagelfleck
⑩ Raubspinne
⑪ Wolfsspinne
⑫ Kamelhalsfliege
⑬ Schlupfwespe
⑭ Große Wegschnecke
⑮ Regenwurm
⑯ Gemeiner Ohrwurm

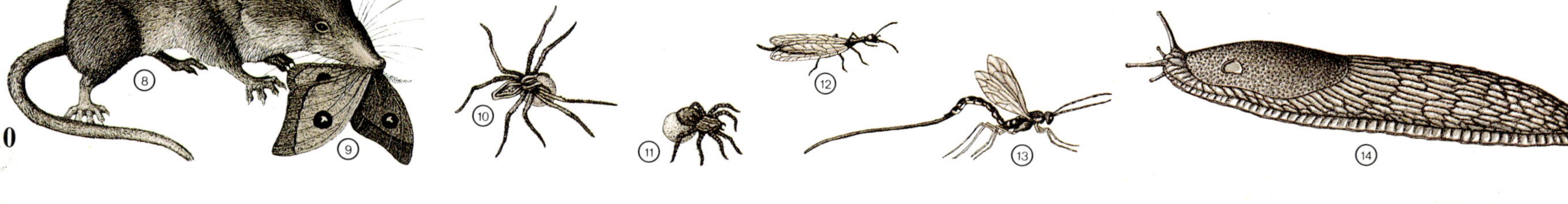

nicht nur die Pflanzen selbst, sondern auch alle Tiere – jedes auf seine Weise. Wenn zum Beispiel eine Raupe ein Blatt frißt, wandern die Nährstoffe vom Blatt in die Raupe. Die Raupe gibt sie weiter an den Vogel, der sie verspeist, und der wieder an den Fuchs, der ihn fängt. Jedes Tier verbraucht dabei einen Teil der Nährstoffe für sich, und einen Teil gibt es weiter.
Die meisten Waldtiere sind *Pflanzenfresser.* Nicht nur Hirsche, Rehe, Hasen, Waldmäuse und Wühlmäuse gehören dazu, sondern vor allem unzählige Insekten. Ihre Raupen und Larven sind unersättlich. Wo sie in Massen auftreten, können zum Beispiel die Raupen der Nonne Bäume ratzekahl fressen! Nur gut, daß fast alle Tiere natürliche Feinde haben. Die Jäger unter den Waldbewohnern sorgen dafür, daß sich keine Tierart zu stark vermehrt: Füchse, Marder, Spitzmäuse und Greifvögel, aber auch Spinnen und viele Insekten – wie der Puppenräuber – sind nämlich *Fleischfresser.* Wildschweine und Dachse sind *Allesfresser.* Auch das Eichhörnchen und viele Vögel mögen beides, Fleisch und Pflanzenkost.
Nichts ist im Wald so gering, daß nicht noch irgendeine Tierart davon leben könnte. Denn in verwandelter Form stecken die Nährstoffe ja in allem. Der Regenwurm holt sie sich aus den abgestorbenen Pflanzenteilen, die er zusammen mit der Erde frißt, der Totengräber aus toten Tieren, und der Mistkäfer hat sich auf *Dung* spezialisiert. Viele Tiere sind übrigens solche *Nahrungsspezialisten.* Das bedeutet, daß sie nur von einer ganz bestimmten Nahrung leben können. Das ist so, als würden dich zum Beispiel nur Süßigkeiten satt machen – und nichts sonst.

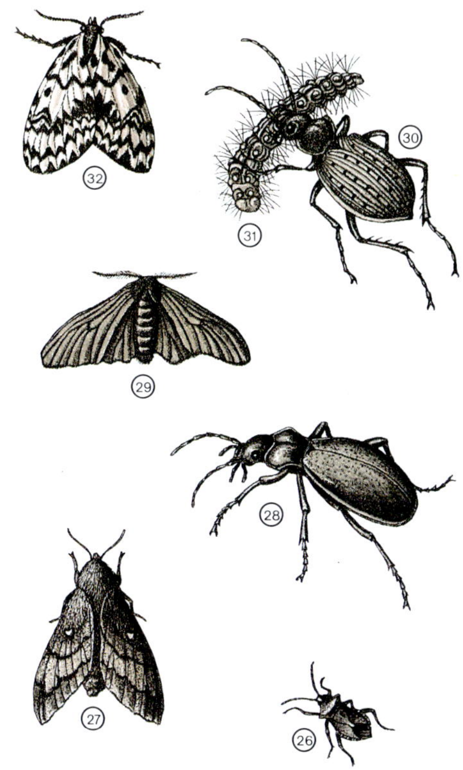

⑰ Steinkriecher
⑱ Kellerassel
⑲ Totengräber
⑳ Waldmistkäfer
㉑ Tausendfüßler
㉒ Sandschnurfüßler
㉓ Rote Waldameise
㉔ Milben
㉕ Springschwänze
㉖ Baumwanze
㉗ Kiefernspinner
㉘ Lederlaufkäfer
㉙ Großer Birkenspanner
㉚ Puppenräuber
㉛ Nonnenraupe
㉜ Nonne

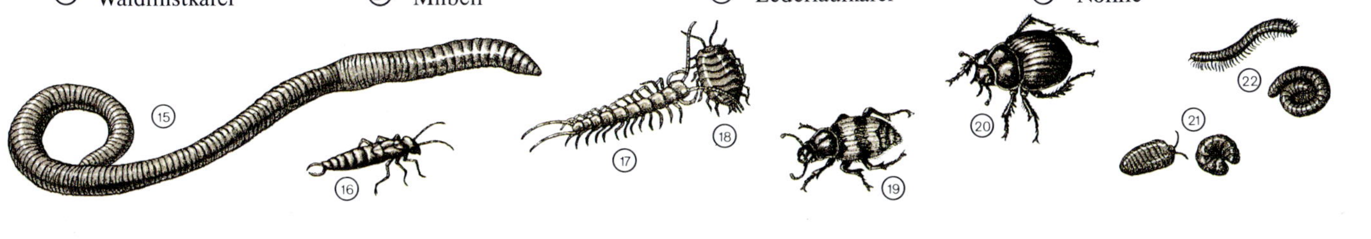

Waldsterben – was ist das?

Es begann etwa im Jahr 1970. Ganz plötzlich und ohne erkennbaren Grund wurden überall Tannen in großer Zahl krank. Ihnen folgten die Kiefern und Fichten und schließlich auch die meisten Laubbaumarten des Waldes. Heute sind alle Wälder auf der nördlichen Erdhalbkugel durch diese rätselhafte Krankheit in größter Gefahr!

Auch kranke Bäume bleiben noch eine Zeitlang grün. Darum fallen sie uns meist nicht auf. Aber sie sehen anders aus als gesunde. Das merkst du, wenn du dir die Fichten auf diesem Bild genauer anschaust: Der kleine Baum rechts ist stark geschädigt. Die drei großen aber sind todkrank. Sie haben schon die meisten Nadeln verloren. Darum sehen sie so durchsichtig aus. Die kahlen Zweige hängen wie Schuhbänder von den Ästen herab. Bei gesunden Fichten sitzen an der Spitze von jedem Zweig die jungen Nadeln und weiter hinten die älteren, die in den sieben vorangegangenen Jahren gewachsen sind. Durch das Waldsterben werden immer mehr dieser alten Nadeln krank und fallen ab. Nur die jüngsten können sich noch eine Weile halten.

Trotzdem geben die Bäume nicht auf – sie kämpfen um ihr Leben. Um den Verlust an alten Nadeln auszugleichen, lassen sie mit letzter Kraft neue Triebe wachsen. Diese *Angsttriebe* sitzen – im Gegensatz zu den normalen Zweigen – auf der Oberseite der Äste, manchmal in richtigen Büscheln. Kannst du sie sehen?

Das Waldsterben macht nicht nur die Blätter oder Nadeln krank, sondern den ganzen Baum von Kopf bis Fuß. Sein Wachstum wird gestört und auch der Wassertransport in seinem Stamm. Besonders schlimm sind die Schäden an seinen Wurzeln.

Die feinsten von ihnen, die Saugwurzeln, versorgen ihn mit Wasser und Nährsalzen aus der Erde. Sie sterben rasch ab und werden immer wieder neu gebildet – das ist ganz natürlich. Der kranke Baum aber kann sie kaum oder gar nicht mehr nachwachsen lassen. Mit der Zeit muß er verhungern und verdursten.

Die Ursache einer Krankheit zu erforschen, ist sehr schwer. Beim Waldsterben vermuten die Fachleute inzwischen nicht nur eine, sondern viele verschiedene Ursachen. Es scheint so zu sein, daß erst ihr Zusammenwirken den Wald krank macht. Das ist so, als würden den Bäumen nach und nach Lasten aufgebürdet, noch eine und noch eine... Irgendwann geht das über ihre Kraft, und sie brechen zusammen.

Die Verantwortung dafür tragen wir Menschen. Pflanzen sind empfindlicher als wir. Sie werden schneller krank von all den schädlichen und oft auch giftigen Stoffen, mit denen wir rücksichtslos unsere Umwelt mehr und mehr belasten. Das war nicht gleich zu merken, als man damit begann, Ruß, Staub und Abgase von Fabriken und Autos in die Luft zu schicken. Im Gegenteil: Der Wald wurde lange Zeit als Luftfilter gerühmt, weil er die verschmutzte Luft durch seine Blätter und Nadeln wieder reinigen konnte.

Aber Bäume können nicht jede Menge Dreck und Gift verkraften – und auch nicht endlos lange. Inzwischen werden aus Millionen Schornsteinen und Auspuffrohren so viele verschiedene Schadstoffe in die Luft geblasen, daß der Wald daran erstickt. Hätten sie doch alle grelle Farben und würden sie scheußlich stinken! Dann ginge man sicher vorsichtiger mit ihnen um. Aber die meisten von ihnen steigen unsichtbar und geruchlos zum Himmel auf. In der Luft werden sie vom Wind vermischt und über alle Länder und Grenzen hinweg weit verteilt.

Manche dieser giftigen Gase verbinden sich mit den Wassertröpfchen in der Luft. Dabei entstehen Säuren. Regen, Nebel und Schnee können durch sie so sauer werden wie der Saft einer Zitrone! Bestimmt hast du schon vom *sauren Regen* gehört. Er ist eine der Hauptursachen für das Waldsterben. Die Säure verletzt nicht nur die Blätter und Nadeln. Sie schadet vor allem den unzähligen Lebewesen im Waldboden und den Saugwurzeln der Bäume.

Natürliche Lebensräume, die den Giften in Luft und Regen besonders lang ausgesetzt sind, müssen am meisten davon schlucken. So ist es auch beim Wald. Seine Bäume werden ja älter als alle anderen Pflanzen und als die Tiere. Aber auch wir Menschen sind ein Teil der Natur. Wie lange werden wir noch in einer vergifteten Umwelt leben können?

Trotzdem tragen wir alle weiter dazu bei, daß sich unsere Umwelt so gefährlich verändert. Denn auch du und ich gehören ja zu der großen Gesellschaft von Menschen, die bequem leben und immer mehr haben will. Unser angenehmes Leben belastet die Natur auf vielerlei Weise. Ein Beispiel dafür ist unser hoher Verbrauch an *Energie.*

Wir halten es für selbstverständlich, daß unsere Wohnungen gemütlich warm und hell erleuchtet sind und daß für unsere vielen, vielen elektrischen Geräte jederzeit Strom aus der Steckdose kommt. Fast alle Dinge, die wir kaufen, werden mit Hilfe von Maschinen hergestellt und verpackt - dafür ist noch viel mehr Energie nötig. Und kein Auto kann fahren ohne die Energie, die im Benzin steckt.

Bei jeder Energiegewinnung durch Verbrennung entstehen giftige Gase, die irgendwo in die Luft geblasen werden. Man sagt, die Kraftwerke, die uns Strom liefern, seien die größten Umweltverschmutzer. Aber schließlich produzieren sie nur so viel Strom, wie verbraucht wird - und zwar von uns allen! Wenn *alle* an etwas beteiligt sind, kann auch jeder *einzelne* etwas ändern. Zum Beispiel an seinem oft gedankenlosen Verbrauch von Energie. Machst du mit?

Auf diesen Seiten ging es um das *Sterben* des Waldes. Wenn du nun weiterliest, wirst du viel erfahren über sein *Leben.* Mehr und mehr wirst du verstehen, warum er so wichtig ist. Er ist nicht nur ein Holzlieferant, sondern vor allem die Heimat unzähliger Pflanzen und Tiere. Außerdem reinigt er die Luft, die wir atmen, filtert und speichert unser Trinkwasser, hält den Boden fest und schützt vor Lawinen und Sturm. Und nicht zuletzt ist er für uns Menschen ein Ort, an dem wir die Natur erleben und uns an ihr freuen können. All das steht auf dem Spiel, wenn wir nicht lernen, besser mit unserer Umwelt umzugehen.

Januar

Der Winter ist für den Wald die Zeit der Stille. Alle Pflanzen ruhen sich aus vom Wachsen, Blühen und Fruchttragen, und viele Tiere halten an verborgenen Stellen ihren Winterschlaf. Kein Vogel singt. Auch wenn die Sonne scheint, haben ihre Strahlen keine Kraft. Es ist kalt.

Uns Menschen macht das nicht so viel aus. Wir ziehen uns dick an, wenn wir hinausgehen, und bleiben höchstens ein paar Stunden in der Kälte. Danach kehren wir heim in unsere mollige Wohnung und wärmen uns wieder auf.

All das können Tiere nicht. Für sie ist der Winter eine harte Zeit. Gerade jetzt, wo Nahrung so schwer zu finden ist, brauchen sie sie am allernötigsten. Denn in jeder Nahrung steckt ja Energie. Und die gibt ihnen nicht nur die Kraft zum Laufen oder Fliegen, sondern auch Wärme.

Der *Kleiber* rechts auf dem Bild ist ein kleiner Akrobat. Mühelos klettert er am Stamm der Fichte hinauf oder – kopfüber – hinunter. Das kann sonst kein anderer Vogel. Aber er macht es nicht zum Vergnügen – er hat Hunger. Unermüdlich ist er auf der Suche nach Insekten und Spinnen, die sich in der rauhen Baumrinde versteckt haben.

In moderndem Holz leben besonders viele kleine Tiere. Das weiß auch der *Schwarzspecht*. Hier hackt er gerade mit seinem kräftigen Schnabel auf dem alten Baumstumpf herum und sucht sich seine Mahlzeit zusammen.

Die Spechte nennt man übrigens die Zimmerleute des Waldes. Sie meißeln nämlich ihre Brut- und Schlafhöhlen in die Stämme der Bäume hinein. Der Schwarzspecht ist der größte von ihnen.

Eichhörnchen fressen besonders gerne die Samen von Nadelbäumen. Die holen sie sich hoch oben in den Wipfeln aus den Zapfen und lassen die Reste einfach nach unten fallen – plumps! Rechts unten liegt so ein abgeknabberter Zapfen. Manchmal kommen Eichhörnchen aber auch herunter auf den Boden – so wie das auf diesem Bild. Eifrig buddelt es im Schnee, erst dort, dann hier. Es sucht die Bucheckern und Nüsse, die es im Herbst an verschiedenen Stellen als Wintervorrat vergraben hat. Ob es sie wohl alle wiederfindet?

Wenn die Tiere nicht gerade Nahrung suchen, ruhen sie sich aus. So wie die aufgeplusterte *Amsel* auf dem Buchenzweig – hast du sie gefunden? Das tun sie, um Energie zu sparen. Denn jede Bewegung kostet Energie – und die brauchen sie ja nun vor allem, um warm zu bleiben. Darum sollten wir nie ruhende Tiere im Winter aufscheuchen.
Die meisten Waldtiere sind so scheu, daß wir sie sehr selten zu sehen bekommen. Nur ihre Spuren im Schnee verraten uns, daß sie da sind. Die Fußabdrücke ganz vorne zum Beispiel hat der Fuchs hinterlassen. Sie enden vor einer Höhle, die tief in die Erde hineinführt. Hier ist er also in seinen Bau geschlüpft. Davor muß eine Maus von rechts nach links zu ihrem Loch gehuscht sein. Selbst ihr Schwänzchen hat eine kleine Spur in den Schnee gezeichnet. Und die Fährte weiter hinten am Waldrand gehört zu einem Reh.
Manche Spuren erzählen ohne Worte eine ganze Geschichte – wie die in der Mitte des Bildes. Eine winzige Mausespur führt vom Wald bis zum Abdruck eines großen Vogels im Schnee. Das bedeutet: Hier endete ein Mauseleben – und ein Greifvogel hatte eine Zeitlang keinen Hunger mehr.
Für den Wald ist es gut, wenn es im Winter schneit. Wie eine weiche Decke liegt dann der Schnee auf dem Boden und schützt alles, was in ihm ruht, vor strengem Frost. Bei Tauwetter sickert das Schmelzwasser langsam in die Erde. Es durchtränkt sie mit Feuchtigkeit und füllt die Wasservorräte im Boden auf. Auch das ist wichtig für den Wald.
Aber wenn es schneit und schneit und gar nicht mehr aufhören will, wird Schnee zur Gefahr. In dichten *Nadelwäldern* kann er so schwer auf den immergrünen Bäumen liegen, daß Wipfel und Zweige unter der Last aufeinandergedrückt werden und dann abbrechen.
Der Wald vorne auf dem Bild ist ein *Mischwald.* In ihm verteilt sich der Schnee besser. Weil seine Laubbäume fast alle Blätter im Herbst abgeworfen haben, bleibt nur wenig auf den kahlen Zweigen liegen. Der meiste Schnee fällt auf den Waldboden und macht so die schützende Decke nur noch dicker.

Februar

Nicht immer liegt im Winter Schnee. Oft ist es einfach nur kalt, naß und ungemütlich. Von neuem Leben ist weit und breit noch nichts zu sehen – auch nicht in diesem Wald hier. Grün sind jetzt nur seine Fichten, Tannen und Kiefern und die weichen Moospolster, die sich zu ihren Füßen ausbreiten. Manche Moosarten wachsen auf Holz. Darum sehen die Bäume oft so aus, als hätten sie weiche, grüne Strümpfe angezogen. Die blaugrünen »Flicken« darauf sind übrigens *Flechten.* Auch sie leben meist auf altem Holz. Du kannst sie überall im Wald finden: am Boden, an Baumstämmen und an Ästen. Immer wieder haben sie andere Formen.
Schau dir den Fichtenstamm links an, wie kraftvoll sich seine starken *Wurzeln* in die Erde krallen! Es sieht aus, als wollten sie den Baum für die Ewigkeit dort verankern. Aber der Schein trügt. Gerade Fichtenwurzeln wachsen meist gar nicht tief in die Erde hinunter. Vor allem in nassen oder sehr festen Böden breiten sie sich dicht unter der Oberfläche aus. Wenn dann ein starker Sturm über den Wald braust, sind die Fichten die ersten Bäume, die umfallen. Sie brechen entweder ab oder werden mitsamt ihrem *Wurzelteller* aus der Erde gerissen.
In einem reinen Fichtenwald ist diese Gefahr besonders groß. Weil alle seine Bäume flache Wurzeln haben, können sie sich gegenseitig wenig Halt geben. Wenn aber zwischen den Fichten zum Beispiel Tannen, Kiefern oder Buchen stehen, ist der ganze Wald vor Sturm besser geschützt. Diese Baumarten lassen ihre Wurzeln nämlich tiefer in die Erde hineinwachsen und sind darum standfester.
Die großen und starken Wurzeln sorgen dafür, daß die Bäume aufrecht stehen können. Die zartesten aber, die

Saugwurzeln, sind für die Ernährung zuständig. Um an möglichst viel Wasser heranzukommen, verzweigen sich die Wurzeln immer weiter und feiner.
Die beiden kleinen Bilder unten zeigen dir die »Keller« von zwei verschiedenen Wäldern. Im linken sind nur die obersten Bodenschichten durchwurzelt. Darunter ist alles leer. Im rechten dagegen wird der ganze Waldboden von einem dichten Wurzelgeflecht durchzogen. Weil hier flach- und tiefwurzelnde Bäume nebeneinanderstehen, werden nicht nur der Platz in der Erde, sondern auch das Wasser besonders gut ausgenutzt.
Auf ihrer Suche nach Wasser werden die Bäume noch unterstützt, und zwar auf erstaunliche Weise: Sie bekommen Hilfe von – Zwergen! Nicht von richtigen natürlich, die gibt es ja nur im Märchen. Aber verglichen mit den riesigen Bäumen sind *Pilze* doch wirklich Zwerge, oder?
Diese so ungleichen Partner bilden im Wald oft eine Lebensgemeinschaft, in der einer den anderen braucht. Viele Pilze umspinnen die Saugwurzel-Enden der Bäume mit ihren feinen *Myzelfäden.* Nachdem so die Verbindung hergestellt ist, kann das Tauschgeschäft stattfinden: Die Pilze geben den Bäumen neben zusätzlichem Wasser und den darin gelösten Nährsalzen noch ganz besondere, wichtige Wuchsstoffe. Dafür bekommen sie von den Bäumen Zucker und Stärke. Pilze haben ja keine grünen Blätter. Darum können sie diese Nährstoffe nicht selbst herstellen.
Zwerge im Vergleich zu den Bäumen sind nicht nur die Pilze, sondern auch alle anderen kleinen Pflanzen. Sie haben sich ganz von allein hier angesiedelt, wie zum Beispiel die verschiedenen Moosarten. *Moos* ist gut für den Wald. Es verbraucht für sich selbst so wenig Wasser wie keine andere Pflanze, kann aber unglaublich viel in sich speichern. Bei Regen saugt es sich voll wie ein Schwamm. Diese Feuchtigkeit gibt es langsam an den Boden weiter und versorgt so viele Wurzeln mit Wasser.
An den geraden, schlanken Stämmen der Bäume auf dem Bild kannst du gut erkennen, daß dieser Wald – wie fast alle unsere Wälder – ein *Wirtschaftswald* ist. Das bedeutet: Er ist nicht nur Lebensraum für zahllose Pflanzen und Tiere, sondern gleichzeitig ein Lieferant für den wichtigen Rohstoff Holz. Seine großen Bäume werden gefällt, sobald sie dick genug geworden sind. Bei den kleineren nimmt man die schwachen oder krummen heraus, damit die anderen mehr Platz finden. Das Holz wird dann sortiert, gestapelt und später verkauft und abgefahren.
Holz brauchen wir überall. Wenn du Lust hast, kannst du ja gleich einmal aufschreiben, was alles aus Holz gemacht wird. Du wirst staunen, wie lang diese Liste wird. Und vergiß dabei nicht das Papier – zum Beispiel von diesem Buch. Selbst darin steckt nämlich Holz!
Hast du übrigens schon die Tiere auf dem Bild entdeckt? *Wildschweine* zeigen sich tagsüber nur selten. Meistens gehen sie nämlich erst in der Dämmerung und nachts auf Nahrungssuche. Dann durchwühlen sie mit ihren großen Rüsselschnauzen den Waldboden und fressen alles, was sie dort finden: Früchte, Wurzelknollen, Mäuse und Insekten. Die *Wintergoldhähnchen* – vorne auf der jungen Fichte – sind unsere kleinsten Singvögel. Vom Schnabel bis zur Schwanzspitze sind sie nur neun Zentimeter lang, und zusammen wiegen die zwei nicht mehr als zehn Gramm!

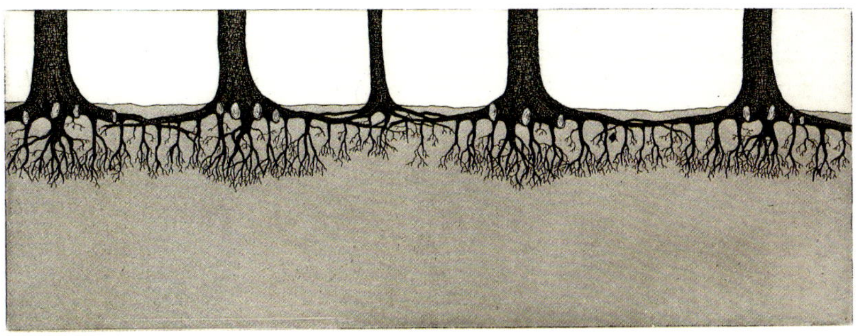

März – April

Der Frühling ist im Jahreslauf der Natur wie der Sonnenaufgang an jedem neuen Tag: Die dunkle Zeit der Ruhe geht zu Ende, und überall erwacht nach und nach das Leben. In manchen Jahren ist es schon im März soweit, in anderen erst im April. Es kommt darauf an, wie warm es ist.
Die »Frühaufsteher« unter den Waldpflanzen haben sich hier auf dem Bild versammelt, damit du sie kennenlernen kannst. In Wirklichkeit wirst du sie nie so nahe beieinander finden und auch kaum alle in ein und demselben Wald. Diese kleinen Pflanzen sind oft Nahrungsspezialisten. Jede Art gedeiht nur auf einem bestimmten Boden.
Trotzdem haben die *Frühblüher* etwas gemeinsam: Sie alle sind in Laub- und Mischwäldern zu Hause und können nur im Vorfrühling blühen. Das hängt wieder einmal mit dem Licht zusammen. Solange die Laubbäume noch kahl sind, ist es in diesen Wäldern ja ganz hell. Erst wenn auch sie ihre Blätter entfalten, ändert sich das. Dann schlucken die Baumkronen wieder das meiste Licht, und für die kleinen Pflanzen am Boden bleibt kaum noch etwas übrig.
Sie müssen sich also beeilen mit dem Wachsen und Blühen und dafür genau den richtigen Zeitpunkt abpassen. Sowie es warm genug ist, sind sie da. Man muß sich wundern, wie schnell das geht! Sie schaffen es auch nur, weil sie sich gut vorbereitet haben. Die frühblühenden Blumen haben nämlich in ihren Zwiebeln, Knollen oder Wurzelstöcken schon im Vorjahr Nährstoffe gespeichert. Die brauchen sie jetzt für ihren Blitzstart.
Auch der *Haselnußstrauch* (links oben), die *Weide* (rechts oben) und der *Seidelbast* (darunter) haben es eilig mit dem Blühen. Wie bei allen Sträuchern und Bäumen ruhen ihre Blüten und Blätter in den vielen Knospen, die sich schon im vergangenen Sommer an ihren Zweigen gebildet haben.
Der Seidelbast öffnet seine duftenden Blütensterne oft schon im Februar. Aber pflück sie nicht ab. Der kleine Strauch steht unter Naturschutz. Außerdem ist er giftig.
Die langen gelben »Lämmerschwänzchen« am Haselnußstrauch sind die männlichen Blüten. An trockenen Tagen

schütten sie ihren Blütenstaub - die *Pollen* - in verschwenderischer Fülle aus. Die unscheinbaren weiblichen Blüten haben an ihrer Spitze einen winzigen roten Pinsel - siehst du ihn? Mit ihm fangen sie den Blütenstaub auf. Nur in bestäubten und dadurch befruchteten weiblichen Blüten können bis zum Herbst die Haselnüsse reifen.

Die Blüten des Haselnußstrauches werden durch den Wind bestäubt. Den *Weidenkätzchen* aber und den Blumen am Boden helfen Insekten dabei. Bienen, Fliegen und kleine Käfer werden durch den Duft und die leuchtenden Farben der Blüten angelockt. Die *Schlüsselblume* rechts ist zitronengelb, das *Leberblümchen* davor blau und das *Buschwindröschen* strahlend weiß. Der *Hohle Lerchensporn* in der Mitte kann verschiedene Farben haben: violett, rosa oder weiß. Das *Scharbockskraut* daneben blüht dottergelb und das *Veilchen* blau-violett. Die Blüten vom *Lungenkraut* dahinter sind zuerst rot und werden dann allmählich blau.

Wenn die Frühlingssonne scheint, werden auch viele Tiere munter. Der *Kleine Fuchs* - so heißt der Schmetterling - probiert, ob er nach der langen Winterruhe noch fliegen kann. Und die *Bienen* summen in den blühenden Sträuchern und sammeln Pollen. Die *Haselmaus* hat ihren Winterschlaf beendet und klettert flink im Haselnußstrauch umher. Nur junge Tiere wagen sich manchmal auch tagsüber hervor. Die älteren sind vorsichtiger. Sie verlassen ihr kugeliges Nest erst bei Dunkelheit. Auf dem Weidenzweig zetert ein *Rotkehlchen,* und aus den trockenen Blättern am Boden arbeitet sich etwas schwerfällig eine *Erdkröte* hervor.

Sobald Eis und Schnee geschmolzen sind, wird es auch im Waldboden wieder lebendig. Den *Regenwurm* hast du natürlich längst entdeckt. Aber wie steht es mit den beiden *Asseln* links von ihm? Und mit dem vielfüßigen *Steinkriecher* in der rechten Ecke? Der schillernde Käfer über ihm hat übrigens einen lustigen Namen. Er heißt *Puppenräuber.* In der warmen Jahreszeit geht er auf Büschen und Bäumen auf Jagd. Stell dir vor: Ein einziger Käfer kann in einem Jahr bis zu 400 Raupen verspeisen!

April – Mai

Wie schön ist es jetzt im Wald! Nach und nach öffnen nun alle Sträucher und Bäume ihre Knospen und entfalten ihre zarten, lichtgrünen Blätter. Die Sonne scheint oft schon richtig warm, und die Vögel singen den ganzen Tag.

Ein Wald wie dieser ist eine gute Vogelheimat. Viele verschiedene Arten finden hier Futter und den richtigen Platz für ihre Nester, ab und zu sogar im Waldboden. Weil sie fliegen können, steht den Vögeln der ganze Wald mit allen seinen Stockwerken zur Verfügung.

»Aber seit wann brüten sie denn in der Erde?« wirst du jetzt vielleicht fragen. Ja, das ist wirklich ungewöhnlich, aber es hat seinen Grund.

Viele Vögel sind *Höhlenbrüter.* Doch nur die Spechte können sich ihre Wohnungen selber zimmern. Alle anderen suchen sich darum entweder verlassene Spechtwohnungen oder Astlöcher oder Spalten in alten, knorrigen Bäumen. Aber die finden sie in unseren »aufgeräumten« Wäldern immer seltener. Wo sollen die wohnungslosen Höhlenbrüter also hin? *Tannenmeisen-Weibchen* wissen sich seit jeher zu helfen. Hier hat eines sein Nest einfach in ein verlassenes Mauseloch hineingebaut! Da sitzt es nun 14 Tage und Nächte lang und hält die Eier warm. Damit es während dieser Zeit nicht verhungert, wird es von seinem Männchen gefüttert.

Ein Stockwerk höher, direkt auf dem Boden, richtet das Weibchen des *Waldlaubsängers* seine Kinderstube ein. Sein Nest sieht aus wie ein Backofen. Kannst du dir vorstellen, daß dieser kleine Vogel gerade eine Reise

von vielen tausend Kilometern hinter sich hat? Vom fernen Afrika kommen die Waldlaubsänger her, um hier zu brüten!
Bei den *Zaunkönigen* ist das Männchen für den Nestbau zuständig. An versteckten Plätzen nahe dem Boden baut es gleich mehrere kunstvolle Kugelnester. Das Weibchen sucht sich eines davon aus und polstert es dann mit kleinen, weichen Federn.
Wieder ein Stockwerk höher, im rissigen Eichenstamm, ist Familie *Grauspecht* zu Hause. Die Spechtkinder betteln im Chor um Futter. Beide Eltern sind von früh bis spät damit beschäftigt, die hungrigen Schnäbel zu stopfen.
Viele Meter über der Erde hat der *Habicht* seinen Horst in eine Astgabelung gebaut. Dort oben in den Baumkronen brüten übrigens die meisten Vögel.
Wie sie können auch fast alle Insekten fliegen. Weil sie außerdem sehr klein sind, leben sie einfach überall: von den Wurzeln bis zu den Spitzen der höchsten Bäume, ja selbst im Inneren der Stämme! Auf jeden noch so winzigen oder absonderlichen Platz hat sich eine eigene Art spezialisiert. In allen Wäldern sind Tausende von verschiedenen Insektenarten zu Hause. Und jede sorgt nun auf ihre Weise für ihre Kinder.
Ganz raffiniert macht es zum Beispiel die *Gallwespe* (1). Sie legt ihre Eier auf der Unterseite eines Eichenblattes ab. Gleichzeitig sticht sie es an und gibt damit ein Signal. Und was geschieht? Die Pflanze baut um die Eier eine kugelförmige Kinderstube! In diesen Gallen – oder Galläpfeln – werden die Eier zu Larven, die Larven zu Puppen, und daraus schlüpfen eines Tages junge Gallwespen.
Das Weibchen des *Birkenblattrollers* (2) hat es nicht so leicht. Es verpackt seine Eier in selbstgemachten Blattrollen. Dafür schneidet es jedes Blatt quer bis zur Mitte ein und rollt es dann von außen nach innen wie einen großen Teppich zusammen.
Die *Buchdruckermutter* legt bis zu 100 Eier in einem Gang ab, den sie bei geschwächten Fichten in die saftige Unterseite der Rinde genagt hat. Wenn die Larven geschlüpft sind, frißt jede von ihnen einen eigenen Seitengang (3). Unter einem einzigen Quadratmeter Rinde können weit über hundert dieser Brutplätze liegen! Wie alle Borkenkäfer vermehren sich die Buchdrucker von Zeit zu Zeit ungeheuer stark. Dann befallen sie auch gesunde Bäume und werden für ganze Wälder zur tödlichen Gefahr.
Rote Waldameisen dagegen gehören zu den hilfreichen Zwergen im Wald und vertilgen große Mengen Insekten. Im Ameisenhaufen leben viele tausend Tiere in einem Staat zusammen. In ihm werden alle Arbeiten aufgeteilt – auch bei der Aufzucht der Brut. Die Königinnen legen die Eier; die Arbeiterinnen betreuen diese fürsorglich dann so lange, bis aus den Puppen die jungen Ameisen schlüpfen (4).
Der Grauspecht ist übrigens ein Ameisenspezialist. Er stochert gerne in ihren Burgen herum. Dabei holt er sich und seinen Kindern viele Ameisen und Larven heraus. Das gehört nun einmal zum Leben im Wald: Keine Pflanze und kein Tier ist nur für sich da. Jedes lebt von anderen und für andere.

①

②

③

④

Mai – Juni

Erkennst du unseren Winterwald wieder? Der Frühling hat ihn ganz und gar verwandelt. Überall grünt und blüht es. Selbst der düstere Fichtenwald hinten hat sich verändert. Es sieht aus, als hätten seine Bäume hellgrüne Spitzen an ihr dunkles Winterkleid gesetzt.
Und das ist wirklich so. In dieser Jahreszeit lassen die Fichten – wie alle anderen Bäume auch – ihre neuen Triebe wachsen. Jeder einzelne Zweig wird um ein Stückchen länger. Die jungen Nadeln sind ganz weich und viel heller als die alten aus den Vorjahren. Daran erkennen wir bei den Nadelbäumen, um wieviel sie größer geworden sind.
Nur gut, daß das Wachsen lautlos vor sich geht. Sonst würden wir nämlich im Frühjahr ein großes Getöse im Wald hören. In dieser Zeit arbeitet es in jedem Baum, in jedem Strauch und jeder Pflanze am Boden mit aller Kraft. In den vielen hunderttausend grünen Blättern und Nadeln werden von Sonnenaufgang bis Sonnenuntergang pausenlos Nährstoffe hergestellt. Die Pflanzen brauchen sie jetzt vor allem zum Wachsen und Blühen.
Der Zweig oben auf dieser Seite zeigt dir, wie zum Beispiel die Blüten der Buche aussehen. So unscheinbar wie sie blühen die meisten Waldbäume. Sie werden fast alle – wie der Haselnußstrauch – vom Wind bestäubt. Und der kümmert sich nicht um die Farbe der Blüten. Andere Sträucher am Waldrand aber und viele kleine Pflanzen am Boden müssen ja Insekten anlocken. Nun, wo es im Wald schattiger wird, blühen die meisten von ihnen weiß. So sind sie am besten zwischen all dem Grün zu finden.
Wenn die Morgensonne scheint, kommen *Fuchskinder* manchmal aus ihrem dunklen Bau heraus. Dann tollen sie tapsig herum und spielen miteinander. Schade, daß wir sie in Wirklichkeit dabei nicht beobachten können! Aber Fuchsmütter sind sehr wachsam. Schon beim kleinsten verdächtigen Geräusch scheuchen sie ihre Jungen in den Bau zurück. Füchse sind auch deshalb tagsüber selten zu sehen, weil sie dann meist schlafen. Erst in der Dämmerung verlassen sie ihren Bau. Im Schutz der Dunkelheit jagen sie vor allem nach Mäusen, aber auch nach jungen Hasen, Kaninchen und Vögeln.
Auch der *Waldkauz* ist so ein nächtlicher Jäger. Nun ist er müde und möchte sich eigentlich dort oben auf dem Buchenast ausruhen. Aber er kommt nicht dazu. Eine *Amsel* hat ihn entdeckt und durch ihren lauten Warnruf andere Kleinvögel herbeigerufen. Aufgeregt umflattern sie ihren Feind so lange, bis ihm das einfach zu lästig wird. Er fliegt davon und sucht sich einen ruhigeren Schlafplatz.
Nachttiere wie der Waldkauz tragen ein unauffälliges Kleid. Durch ihre Tarnfarbe sind sie nicht so leicht zu entdecken, wenn sie im hellen Licht des Tages an geschützten Stellen schlafen. Beim Waldkauz hat das ja diesmal nicht so gut geklappt. Aber den Nachtfalter vorne am alten Baumstumpf hat noch niemand entdeckt. Oder du vielleicht?
Während die Nachttiere sich ausruhen, sind die Tagtiere hellwach. Der *Buntspecht* hämmert lautstark an dem großen Fichtenstamm vorne herum. Mit seiner langen klebrigen Zunge holt er sich alle möglichen Insekten heraus. Sein Klopfen mischt sich in den vielstimmigen Gesang der Singvögel. Jede Vogelart hat ihr eigenes Lied. Es ist schwierig, die einzelnen Stimmen zu unterscheiden, wenn alle gleichzeitig singen. Nur der grauweiße Vogel, der hinten im Wald auf einem trockenen Ast sitzt, macht es uns leicht. Mit seinem Ruf sagt er uns sogar, wie er heißt: *Kuckuck!*

Juni

Langsam geht der Frühling in den Sommer über. Die Sonne steht nun hoch am Himmel, und oft ist es schon richtig heiß.
Bei einem Streifzug durch den schattigen Wald spüren wir davon allerdings wenig. Hier ist es ja auch im Sommer dämmrig und kühl. Wenn wir aber an eine *Lichtung* kommen, ist plötzlich alles anders. Sonnenwärme hüllt uns ein, und wir sind ganz geblendet von so viel Licht. Wie üppig hier die Pflanzen wuchern – ganz anders als im Waldesinnern! Gelbe, rote und weiße Blüten leuchten uns entgegen, und hohe Gräser wiegen sich im Wind.
Jede Lichtung war für den Wald einmal eine Wunde, die nun langsam verheilt. Ein starker Sturm oder ein Waldbrand kann sie geschlagen haben. Manchmal waren auch Millionen von Insekten – zum Beispiel Borkenkäfer – daran schuld. Meistens aber ist sie durch *Kahlschlag* entstanden. So nennt man es, wenn die Bäume von einem Waldstück alle auf einmal geerntet werden.
Jedes größere »Loch« im Wald wird so schnell wie möglich wieder mit jungen Bäumen bepflanzt. Dazwischen schießen schon bald Wildpflanzen aller Art empor. Ihre Samen wurden von Wind oder Vögeln hierher getragen. In kürzester Zeit breiten sie einen grünen Teppich über den braunen Waldboden. Das ist gut für ihn und anfangs auch für die zarten kleinen Bäume. Sie werden so vor zu viel Sonne und Wind geschützt. Doch später müssen die Wildpflanzen in ihrem Wuchs gehemmt oder zurückgeschnitten werden. Sie wachsen nämlich sehr schnell und sind so kräftig, daß sie die

Baumkinder sonst ganz und gar überwuchern würden.

Von den saftigen Pflanzen auf den Lichtungen werden natürlich viele Tiere satt. Und weil es ihnen hier vom Frühling bis zum Herbst immer so gut geht, können sie sich mit der Zeit stark vermehren. Das gilt nicht nur für das Mäusevolk im Boden, sondern auch für Hirsche und Rehe.

Dieser Nahrungsüberfluß ist einer der Gründe dafür, daß es heute zu viel *Wild* gibt. Zu viel? Das ist für dich und mich schwer zu glauben, weil wir die großen Waldtiere fast nie sehen. Aber die Forstleute wissen es besser. Sie kennen ihre Wälder genau und auch die vielen Schäden, die das Wild darin anrichten kann.

Im Winter gibt es ja kein frisches Grün mehr. Dann fressen Hirsche und Rehe in ihrer Not nicht nur Brombeerblätter und welkende Kräuter, sondern auch Triebe und Knospen von kleinen Bäumen. Hirsche schälen sogar die Rinde ab. Beides schadet den Bäumen sehr. Viele verkümmern oder gehen ein. Die kleine Fichte rechts auf dem Bild ist immer wieder »verbissen« worden. Darum sieht sie so verwachsen aus.

In vielen Wäldern wird das Wild im Winter gefüttert. Dadurch werden zwar mehr Bäume vor *Verbiß* und *Schälen* geschützt. Aber gleichzeitig tragen die Fütterungen dazu bei, daß immer mehr Hirsche und Rehe in diesen Wäldern überleben können.

Früher hatten auch sie noch natürliche Feinde. Wölfe und Luchse sorgten dafür, daß es nicht zu viel Wild gab. Aber seitdem diese Raubtiere bei uns ausgestorben sind, können Hirsche und Rehe sich ungehindert vermehren. Auch wenn Förster und Jäger jährlich viele tausend Tiere schießen, ändert sich das nicht.

Für unsere ohnehin schon kranken Wälder ist zu viel Wild eine große Gefahr. Wo unzählige ältere Bäume sterben, müssen besonders viele junge nachwachsen. Schließlich soll es ja auch für deine Kinder und Enkelkinder später noch Wald geben.

Eine Möglichkeit, die kleinen Bäume vor dem hungrigen Wild zu bewahren, zeigt dir das Bild. Solche Zäune hast du sicher auch schon öfter im Wald gesehen. In ihrem Schutz können vor allem junge Laubbäume ungestört heranwachsen. Meistens sind sie von Waldarbeitern gepflanzt worden. Eine Abbildung davon findest du nicht in diesem Buch, sondern – auf jedem 50-Pfennig-Stück!

Aber nicht alle Waldbäume werden von Menschen gepflanzt. Unendlich viele wachsen auch aus den Samen hervor, die die Bäume ausgesät haben. Die *natürliche Verjüngung* des Waldes nutzen die Forstleute gerne aus. Wo zu viel Wild lebt, müssen sie allerdings auch diesen Baumnachwuchs schützen.

Jedes Ding hat zwei Seiten, auch die Zäune im Wald. Hinter ihnen können die jungen Bäume sicher aufwachsen. Vor ihnen aber steht das ausgesperrte Wild. Wenn es nicht mehr auf seine fetten Sommerweiden kann, muß es sich mit den Gräsern, Kräutern und kleinen Bäumen außerhalb der Zäune begnügen. Darum sieht der Boden in diesem Wald hier so kahl aus.

Das Weidenröschen ist auf Lichtungen häufig zu finden.

Die Löcher am Fichtenstamm auf dem Bild links hat der Schwarzspecht auf seiner Suche nach Futter gehackt.

Juli

Sommer – das ist die Zeit der Sonne und Wärme, aber auch die Zeit der Gewitter und Wolkenbrüche. Den Wäldern tut es gut, wenn es tüchtig regnet. Der tief durchwurzelte Boden kann große Mengen von *Wasser* in sich aufnehmen und speichern. Das meiste davon verbrauchen die Bäume gleich wieder. Aber ein Teil des Wassers sickert langsam tiefer und tiefer hinunter. Gefiltert und gereinigt erreicht es das *Grundwasser,* und das liefert uns wertvolles Trinkwasser.
Im Gebirge regnet es öfter und heftiger als in der Ebene. Kein Wunder – die hohen Berge ragen ja bis in die Wolken hinein! Aber hier ist das Wasser nicht nur ein Segen. Nach heftigen Regenfällen werden selbst kleine Bäche oft zu reißenden *Wildwassern,* die Steine und Erde mit sich in die Tiefe nehmen. Manchmal kommt es dabei zu einem *Erdrutsch,* der Straßen und Häuser verschüttet.
Kahle Hänge und Schneisen im Wald – etwa für Stromleitungen, Lifte und Pisten – sind besonders gefährdet. Hier zerfrißt das Wasser die Haut des Berges mehr und mehr. Jeder Regen reißt neue Löcher hinein. Wenn erst alle Erde ausgewaschen ist, kann dort nie wieder ein Baum wurzeln.

Im rauhen Klima des Hochgebirges wächst aus natürlichen Gründen kein Wald. Darum entstehen dort, aber auch an kahlen Hängen weiter unten, im Winter leicht *Lawinen.* Donnernd stürzen sie ins Tal und begraben alles unter sich. Nur Wälder können die zerstörende Kraft von Wasser und Schnee bremsen. Schau dir die Bäume an. Wie gut sie sich mit ihren starken Wurzeln in dem abschüssigen, felsigen Boden verankert haben! Sie schieben sie in jede Spalte und Ritze und halten so nicht nur sich selbst, sondern auch Erdreich und Steine wie mit starken Armen fest.
Nirgendwo ist Wald so wichtig wie in den Bergen – und nirgendwo ist er in so großer Gefahr! Das Waldsterben breitet sich im Gebirge schneller aus als im Flachland. Darum müssen hier eigentlich noch viel mehr junge Bäume nachwachsen als anderswo. Aber gerade das ist im *Bergwald* ein großes Problem. Das steile, unwegsame Gelände macht das Pflanzen von Bäumen und das Aufstellen von Schutzzäunen meist unmöglich. Hier kann der Wald sich fast nur durch natürliche Verjüngung erneuern. Und die wird auch im Bergwald von zu viel Wild gestört oder ganz verhindert.

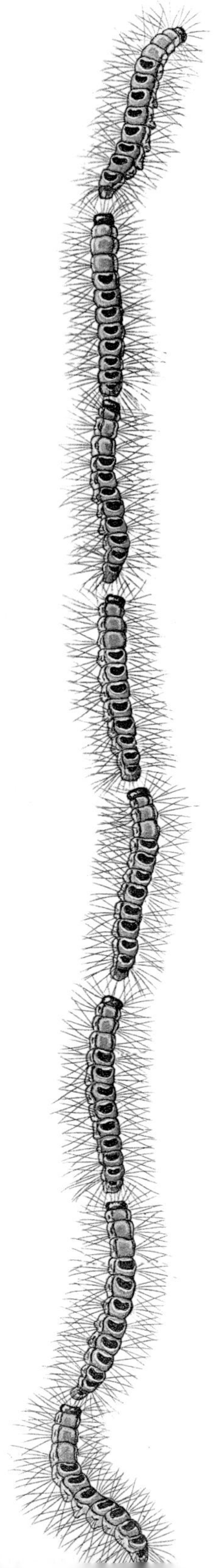

August

Bist du schon einmal durch einen nächtlichen Wald gegangen? Das ist richtig spannend – und auch ein bißchen unheimlich. Im fahlen Mondlicht sieht alles so anders aus! Harmlose Büsche verwandeln sich in seltsame Gestalten. Irgendwo raschelt und knackt es, ein Käuzchen ruft. Sonst ist kein Laut zu hören.
Aber die Ruhe täuscht. In Wirklichkeit ist der Wald zu keiner Zeit so lebendig wie in der beginnenden Nacht. Nach Sonnenuntergang werden alle die Tiere munter, die tagsüber in ihren Verstecken geschlafen haben. Im Schutz der Dunkelheit suchen sie sich ihre Nahrung – jedes auf seine Art.
Die *Rehe* beginnen zu äsen, und auch der *Hirsch* verläßt in der Dämmerung die *Dickung,* in der er sich am Tag verborgen gehalten hat. Die *Wildschweine* haben immer großen Appetit. Um satt zu werden, müssen sie auf ihrer Nahrungssuche viel Erde durchwühlen. Dem Waldboden tut das gut, weil er dadurch aufgelockert wird.
Sicher hat du dich schon darüber gewundert, daß aus der Höhle nun ein *Dachs* herauskommt. Ob er die Fuchsfamilie aus ihrem Bau vertrieben hat? Nein, das hat er nicht nötig. Er ist nämlich selbst ein eifriger Baumeister, der mit seinen starken Krallen kunstvolle und verzweigte Erdwohnungen bauen kann. In ihnen ist so viel Platz, daß *Füchse* manchmal als »Untermieter« einziehen. Diese beiden Tiere vertragen sich gut miteinander. Der Dachs ist – wie die Wildschweine – ein Allesfresser. Der Fuchs dagegen mag fast nur Fleisch. Aufmerksam und mit aufgestellten Ohren pirscht er sich gerade an etwas heran. Was hat er entdeckt? Eine Maus? Oder einen jungen Hasen?
Der *Waldkauz* gleitet in lautlosem Flug durch die Dunkelheit. Man kann sich nur wundern, daß er nirgendwo anstößt! Tiere haben viel feiner ausgebildete Sinne als wir Menschen. Die Jäger unter ihnen können ganz besonders gut riechen, sehen und hören. Darum finden sie ihre Beute sogar in stockfinsterer Nacht.
Der *Baummarder* kann sehr gut klettern. Hoch oben in den Bäumen jagt er nach Insekten und schlafenden Wildtauben, vor allem aber nach *Eichhörnchen.* Hier hat er gerade so einen kleinen Nager erwischt. Auch viele Insekten sind Jäger, zum Beispiel der schwarze *Lederlaufkäfer* vorne auf dem Baumstumpf.
Im Wald geschehen die merkwürdigsten Dinge. Die KIEFERNPROZESSIONSSPINNERRAUPEN (links auf dieser Seite) sind dafür nur ein Beispiel. Noch viel länger als ihr Name – nämlich bis zu 12 Meter lang! – ist der Gänsemarsch, in dem diese Raupen an jedem Abend von ihrem Nest zum Fraßplatz wandern. Mit einem seidenen Faden verbindet sich jede mit ihrem Vordermann. Die erste Raupe sucht den Weg – und alle, alle folgen ihr. Hoch oben in der Krone einer Kiefer fressen sie die ganze Nacht lang saftige Nadeln. Gegen Morgen kehren sie wieder in langer Prozession zu ihrem Gespinstnest zurück und ruhen sich aus.
Wenn die *Nachttiere* ihre Schlafplätze aufsuchen, wachen die *Tagtiere* langsam auf. Nie sind alle gleichzeitig munter. Durch ihre unterschiedlichen Lebensgewohnheiten und Bedürfnisse teilen die Tiere die Zeit, den Raum und die Nahrung gut untereinander auf. Nur darum können so viele verschiedene Arten im Wald leben.
Allerdings kommen sie sich da nie so nahe wie hier auf dem Bild. In Wirklichkeit ist ja auch viel mehr Platz im Wald, und die Tiere können sich gut verteilen.

September – Oktober

Der Sommer geht allmählich zu Ende, und der Herbst beginnt. In verschwenderischer Fülle und Vielfalt werden nun die Früchte und Samen der Waldpflanzen reif – die einen früher, die anderen später. Der Sinn der Samen ist natürlich die Vermehrung der Pflanzen. Und die gelingt um so besser, je weiter die Samen verbreitet werden. Auch wenn die Pflanzen sich selbst nicht von der Stelle rühren können, machen ihre Samen oft weite Reisen.
Bei der *Hainbuche* (1), dem *Bergahorn* (2), der *Fichte* (3) und der *Lärche* (6) zum Beispiel sind sie eingebettet in ein Flugblatt. Das kann der Wind leicht erfassen und forttragen. *Eicheln* (7), *Bucheckern* (8) und *Haselnüsse* (13) sind zum Fliegen zu schwer. Trotzdem werden sie verbreitet. Dafür sorgen unter anderem viele Waldtiere, die Vorräte für den Winter sammeln. Der *Eichelhäher* (15) wird dabei sogar ungewollt zum Gärtner und pflanzt so manchen Baum. Er findet nämlich längst nicht alle Eicheln wieder, die er im Herbst einzeln vergraben hat. Viele davon beginnen im Frühjahr zu keimen.
Die kleinen Haftfrüchte des *Waldmeisters* (26) benutzen Pelztiere als Transportmittel. Sie hän-

1. Hainbuche
2. Bergahorn
3. Fichte
4. Eberesche
5. Pirol
6. Lärche
7. Stieleiche mit Eicheln
8. Buche mit Bucheckern
9. Pfaffenhütchen
10. Tollkirsche (giftig)
11. Kleines Springkraut
12. Schlehe (eßbar)
13. Haselnuß (eßbar)
14. Brombeere (eßbar)
15. Eichelhäher
16. Heidelbeere (eßbar)

gen sich mit ihren winzigen Widerhaken ins Fell und lassen sich so unbemerkt mitnehmen. Und das *Springkraut* (11) schleudert seine Samen aus eigener Kraft weit von sich. Hast du das schon einmal erlebt? Du brauchst die prallen, reifen Früchte nur ganz vorsichtig anzutippen. Schon springen sie so plötzlich auf, daß du jedes Mal einen kleinen Schrecken kriegst.

Die Früchte vieler Sträucher werben durch leuchtende Farben um Vogelbesuch – ganz ähnlich wie bei uns Menschen bunte Plakate um Kundschaft werben. Hier haben die roten Beeren der *Eberesche* (4) einen *Pirol* (5) angelockt. Das Fruchtfleisch macht ihn satt. Die harten Samen aber wandern unverdaut durch seinen Körper. Irgendwo läßt er sie wieder fallen – klacks! Vielleicht wächst genau da bald eine kleine Eberesche.

Fast alle Waldfrüchte dienen diesem doppelten Zweck. Einerseits sorgen sie dafür, daß immer genügend Pflanzen nachwachsen. Und andererseits sind sie für viele Tiere ein wertvolles Kraftfutter. In Samen steckt ein großer Energievorrat. Einen Teil davon speichern die Tiere als Speckschicht in ihrem Körper. Dieses Polster hilft ihnen, den harten Winter zu überstehen.

(17) Rote Waldameise mit Fichtensamen
(18) Flaschenbovist (nur jung eßbar)
(19) Fliegenpilz (giftig)
(20) Stinkmorchel (ungenießbar)
(21) Mistkäfer
(22) Rotkappe (eßbar)
(23) Grauer Wulstling
(24) Pfifferling (eßbar)
(25) Preiselbeere (eßbar)
(26) Waldmeister
(27) Hermelin

November

Noch einmal wollen wir unseren Wald besuchen. Es ist ein kühler, grauer Herbsttag. Nebel hängt wie ein feiner Schleier zwischen den Bäumen, und die Stämme sind dunkel vor Nässe. Das rotgoldene Laub der Buchen aber sieht aus, als würde es von innen her leuchten.
Die schönen Farben sind ein Zeichen dafür, daß die Blätter bald abfallen werden. Die Bäume brauchen sie nicht mehr, denn nun beginnt für sie wieder die Zeit der Winterruhe. Die Herbststürme helfen ihnen, sich von ihren Blättern und anderen abgestorbenen Teilen zu befreien.
Nun stell dir vor, das ganze Herbstlaub und die vielen Äste und Zweige – aber auch tote Tiere – würden unverändert auf dem Boden liegenbleiben. Im nächsten Jahr käme dann wieder eine neue, dicke Schicht dazu und im übernächsten wieder... Schon nach wenigen Jahren würde der ganze Wald an seinem eigenen Abfall ersticken!
Eigentlich ist es ein Wunder, daß das nicht geschieht. Und dieses Wunder vollbringen die unzähligen Lebewesen im Keller des Waldhauses – erinnerst du dich? Neben dem *Regenwurm* und den vielen verschiedenen kleinen und kleinsten Tieren sind das vor allem *Pilze* und *Bakterien.* Man nennt sie die *Zersetzer.* Je winziger sie sind, desto mehr von ihnen gibt es. Kannst du dir vorstellen, daß in einem einzigen Fingerhut voller Walderde weit über eine Million Lebewesen stecken?
Sie alle werden satt von den Nährstoffen, die auch in Abgestorbenem noch enthalten sind, jedes nach seiner Art. Die meisten leben von toten Pflanzen oder Tieren und andere wieder von ihnen. Auf diese Weise verwerten die Zersetzer mit der Zeit den ganzen natürlichen Abfall. Dabei wird er in immer kleinere Teile zerlegt und gleichzeitig umgewandelt. Nach und nach sinkt er in sich zusammen. Wenn du ein großes Legohaus abbaust, nehmen die einzelnen Steine ja auch viel weniger Platz weg als vorher das ganze Haus. Aber nicht nur das. Gleichzeitig werden die Steine wieder frei und du kannst etwas Neues daraus aufbauen.
Ganz ähnlich ist es in der Natur mit allem, was stirbt und in

die Erde zurückkehrt. Weil die Lebewesen im Boden es ganz und gar zerlegen, wird aus allem Toten schließlich fruchtbarer *Humus*. Und daraus kann sich dann wieder neues Leben aufbauen. Das Ende des Alten ist also gleichzeitig der Anfang von etwas Neuem.

Auch wenn die Zersetzer Erstaunliches leisten – den Abfall, den Menschen achtlos im Wald wegwerfen, können sie nicht beseitigen. Plastik, Glas und Metall bleiben liegen. Jahr für Jahr sterben viele Tiere, weil sie sich daran verletzt oder Teile davon aus Versehen gefressen haben.

Pilze sind besonders kraftvolle Zersetzer. Überall, wo im Wald Holz vermodert, sind sie am Werk. Einer davon ist der *Hallimasch,* den du vorne links siehst. Er arbeitet daran mit, daß der alte Baumstumpf mit der Zeit vergeht und Platz macht für junge Pflanzen. Mit seinen feinen Myzelfäden durchzieht der Pilz das morsche Holz und holt sich die Nährstoffe heraus. Einen Teil davon »verlebt« er, und einen Teil gibt er weiter – zum Beispiel an die kleine schwarze *Nacktschnecke,* die gerade in seinen goldbraunen Schirm ein Loch frißt. Im nächsten Augenblick wird die *Spitzmaus* die Schnecke verspeisen und später vielleicht eine Eule die Spitzmaus. So bekommen auch Tiere über der Erde etwas ab von dem großen Nahrungsvorrat, der im natürlichen Abfall des Waldes steckt.

Hast du so einen Baumstumpf schon einmal mit einem Vergrößerungsglas untersucht? Das macht Spaß! Unter der Rinde und im morschen Holz wimmelt es nur so von klitzekleinen Tierchen. Sie geben dir eine Ahnung davon, wie es in der geheimnisvollen Welt der Zersetzer aussieht.

Wenn du aber größere Tiere unbemerkt beobachten willst, brauchst du ein Fernglas – und viel Glück. Du weißt ja, sie sind sehr scheu. Das gilt besonders für »Meister Lampe«, der dich hier so wachsam anschaut. Vor der Höhle sitzt er übrigens nur, damit du einen *Hasen* einmal aus der Nähe sehen kannst. Er fühlt sich auf diesem Platz sicher nicht wohl, denn hier riecht es nach Fuchs – und dem kommt er besser nicht zu nahe.

Dezember

Unmerklich vergeht die Zeit. Nach dem Winter kam der Frühling, nach dem Frühling der Sommer, nach dem Sommer der Herbst. Nun ist wieder Winter, und der ewige Kreislauf beginnt von neuem. Alle Pflanzen und Tiere bei uns haben sich auf den Wechsel der Jahreszeiten eingestellt – auch auf die Kälte und den Hunger im Winter.

Viele Waldtiere verschlafen ihn einfach: der Regenwurm zum Beispiel zusammengekringelt im Boden, die Erdkröte in einem Laubhaufen und die kleine Haselmaus eingerollt in ihrem Nest.

Die Sammler unter den Tieren leben nun von ihren Vorräten. Und den Pelztieren wächst im Herbst ein dichteres Fell. Es schützt sie vor der Kälte und hilft ihnen so, Energie zu sparen. Du weißt ja – auch Warmbleiben kostet Energie. Wenn die Nahrung knapp wird, zehren fast alle Tiere von ihrem Speckpolster. Beim Dachs ist das so dick, daß er jetzt fast ohne Futter auskommt. Tief unten liegt er in seinem Bau und döst vor sich hin. Er hat es gut. Sein Bett ist nämlich wie ein Heizkissen. Die dicke Schicht aus trockenen Pflanzen verrottet allmählich und erzeugt dabei Wärme!

Sobald es kein frisches Grün mehr gibt, finden sehr viele Insekten nichts mehr zu fressen. Die meisten von ihnen gehen ein. Doch vorher haben alle für Nachwuchs gesorgt. Ihre Eier, Larven oder Puppen ruhen an verborgenen Stellen und überstehen so die nahrungslose Zeit. Alle Waldvögel aber, die sich gerade auf diese Insekten spezialisiert haben, müssen im Spätsommer auf die Reise gehen. In wärmeren Ländern – weit weg von uns – finden sie auch im Winter ihr Futter.

Die Vögel auf diesem Bild sind *Fichtenkreuzschnäbel.* Ihren Namen verdanken sie ihrem seltsam geformten, kräftigen Schnabel. Mit seiner Hilfe holen sie sich die kleinen, nahrhaften Samen aus den Zapfen der Nadelbäume. Am liebsten fressen sie Fichtensamen. Überall, wo die in großen Mengen reifen, lassen sich die Fichtenkreuzschnäbel nieder und brüten. Dabei kümmern sie sich nicht um die Jahreszeit. Wenn sie Nahrung im Überfluß finden, brüten sie sogar mitten im kalten Winter!

Hoch oben in einer Fichte hat das Weibchen ein stabiles Nest gebaut und es mit Moos und Flechten weich ausgepolstert. Nun sitzt es geduldig auf seinen Eiern und hält sie schön warm. Damit sie in der eisigen Winterluft nicht auskühlen, verläßt die Vogelmutter das Nest niemals. Während der Brut wird sie vom Vogelvater gefüttert.

Die Sonne steht schon tief am Himmel. Bald wird sie untergehen – obwohl es noch längst nicht Abend ist. In dieser Zeit sind die Tage nur kurz und die Nächte dafür um so länger. Und ein Tag ist dabei, ein ganz besonderer, an dem es dir gar nicht schnell genug dunkel werden kann.

Am Heiligen Abend stellen viele von uns sich einen Gast aus dem Wald ins Haus und geben ihm einen Ehrenplatz. Auch wenn es heute schlecht um den Wald steht – mit unserem Weihnachtsbaum tun wir ihm übrigens keinen Schaden an. Er gehört nämlich meist zu den Bäumen, die geschlagen werden, damit andere Bäume genügend Platz und Licht zum Wachsen finden.

Mit dem Dezember geht das Jahr zu Ende und damit auch dieses Buch. Doch in der Natur gibt es kein Ende – nur Verwandlung. Daran soll dich der Buchenzweig oben erinnern. Seine letzten Blätter sind zwar alt und vertrocknet. Aber in den Knospen steckt schon das neue Leben – und das geht immer weiter.

Wie die Pflanzen und Tiere auf diesen Bildern heißen:

Seite 6/7

① Buntspecht
② Waldlaubsänger
③ Waldkiefer
④ Buche
⑤ Fichte
⑥ Waldspitzmaus
⑦ Sauerklee
⑧ Heidelbeere
⑨ Weinbergschnecke
⑩ Bürstenmoos
⑪ Eichelhäher
⑫ Dornfarn
⑬ Waldmistkäfer

Seite 23

① Buchfink
② Kleiber
③ Waldkauz
④ Kohlmeise
⑤ Amsel
⑥ Amsel-Weibchen
⑦ Mäusebussard
⑧ Kuckuck
⑨ Buntspecht
⑩ Buche
⑪ Fichte
⑫ Traubenholunder
⑬ Waldkiefer
⑭ Storchenschnabel
⑮ Fingerhut
⑯ Kaisermantel
⑰ Giersch
⑱ Junge Eberesche
⑲ Brombeere
⑳ Heidelbeere
㉑ Flechte
㉒ Waldspitzmaus
㉓ Regenwurm
㉔ Bürstenmoos
㉕ Walderdbeere
㉖ Waldmeister
㉗ Fuchs
㉘ Schattenblümchen

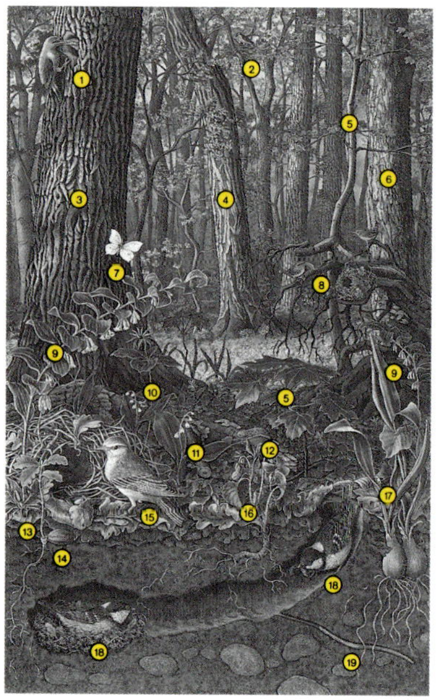

Seite 20

① Grauspecht
② Habicht
③ Eiche
④ Hainbuche
⑤ Junger Bergahorn
⑥ Bergahorn
⑦ Zitronenfalter
⑧ Zaunkönig
⑨ Vielblütige Weißwurz
⑩ Einbeere
⑪ Maiglöckchen
⑫ Große Wegschnecke
⑬ Raubspinne
⑭ Keimende Eichel
⑮ Waldlaubsänger
⑯ Waldveilchen
⑰ Bärlauch
⑱ Tannenmeise
⑲ Regenwurm

Seite 27

① Zaunkönig
② Eberesche
③ Abgestorbene Kiefer
④ Fichte
⑤ Tannenhäher
⑥ Bergahorn
⑦ Moosmiere
⑧ Fliegenpilz
⑨ Gelber Eisenhut
⑩ Mohrenfalter
⑪ Hermelin
⑫ Stinkkohl
⑬ Wühlmaus
⑭ Dornfarn

Von Ahorn bis Wühlmaus – was ist wo abgebildet?

Wovon in diesem Buch erzählt wird